Mario le pingouin

Texte : Michel Saint-Denis
Illustrations : Dominique Jolin

Données de catalogage avant publication (Canada)

Saint-Denis, Michel, 1958-
Mario, le pingouin
Pour enfants.

ISBN: 2-7625-7599-0

I. Jolin, Dominique, 1964- . II. Titre.

PS8587.A36M37 1994 jC843'.54 C94-940821-2
PS9587.A36M37 1994
PZ23.S34Ma 1994

Dépôts légaux : 3e trimestre 1994
Bibliothèque nationale du Québec
Bibliothèque nationale du Canada

ISBN : 2-7625-7599-0

Imprimé au Canada

Les éditions Héritage inc.
300, rue Arran, Saint-Lambert (Québec) J4R 1K5
(514) 875-0327

À ma fille Tati et à Donat son grand-père.

Aujourd’hui, au Palais des Glaces,
C’est difficile d’avoir une place.

Une foule de morses s'est entassée
Pour voir la partie de hockey.

Les oursons blancs font leur entrée
Dans la plus totale anarchie.
Ils sont suivis du phoque zébré
Qui va arbitrer la partie.

Et voici maintenant les pingouins.
Leur capitaine s'appelle Mario.
C'est l'hystérie dans les gradins,
Les morses applaudissent leur héros.

Le phoque a fait la mise au jeu.
Mario s'empare de la rondelle
Et patine jusqu'à la ligne bleue.
Il est vraiment sensationnel.

Mario essaie de s'échapper
Mais un ours le fait trébucher.
Les morses se mettent tous à huer,
Car l'arbitre a les yeux fermés.

Les oursons blancs sont très têtus,
Chacun voudrait compter son but.
Tous les joueurs sautent sur la rondelle
Et voilà toute l'équipe pêle-mêle.

Pendant que les ours se démêlent,
Les pingouins reprennent la rondelle.
Le défenseur fait une belle passe
À Mario qui file sur la glace.

Mario feinte à gauche et à droite,
Puis lance la rondelle entre les pattes
Du gardien qui tombe sur le dos.
Les pingouins gagnent un à zéro.

Dans les gradins on crie victoire !
C'est la fête sur la patinoire,
Car les pingouins ont remporté...

La fameuse Coupe de Crème glacée !

DATE DUE			

201-9500 PRINTED IN U.S.A.